누구나 처음 살아보는
오늘이라서

미완의 존재들에게 전하고픈 영원의 위로

모
먼
트
지음

FOREST
WHALE

누구나 처음 살아보는 오늘이라서

미완의 존재들에게 전하고픈 영원의 위로

프롤로그

아이에게

멀게만 느껴졌던 열아홉이 다가오고
오지 않을 것 같던 스무살이 되자
다 어른이 된 것만 같았다.

아이와 청소년 시기를 지나
법적으로 성인이 되었지만

여전히 나에겐
정답을 가르쳐 줄
어른이 필요한 날이 있다.

차 례

1장. 천천히 하는 것, 어떻게 하더라

2장. 그리우면 기억에 남는 법

3장. 삶의 어느 지점에서 우리가 만났다는 것

4장. 열심히 살아본 기억이 나를 만든다

5장. 어른이 되어도 어른은 필요해

CHAPTER 01

천천히 하는 것,
어떻게 하더라

미완의 존재들에게 전하고픈 영원의 위로

잊어버린지 오래

무엇이든 빨리하는 것이
정답이라고 생각했다

공부를 하게 되어도
선행학습을 우선시하고

후행학습을 하는 아이들은
배척하는 모습을 보았다

뒤처지면 안 된다는 생각,
다수가 지나가는 나이대의 코스를
무조건 그때 거쳐야 한다는 강박

'천천히'라는 단어는
마음속에서 지워진 지 오래였다.

계속 차분하다가도 어떨 때는
이상하리만큼 다급해서

"왜 이럴까, 왜 이러냐 나"

좀 더 여유를 가져도 좋을 것 같은데
진짜 괜찮은데

그거 어떻게 하는 거였더라?

어디 마음 둘 데도 없는 요즘

시간이 나를 기다려주지 않으니
매번 가쁜 숨을 헐떡이며 산다

정신없이 하루하루를 보내면
크게 신경 쓰지 않아도 되어서 좋다

스스로 잠들어버린 책상 위 쪽잠과
짓눌린 어깨와 마음
깨어나 보니 살며시 흐르는 눈물은

무엇이 과연 악몽일까

어디선가 마음속이 계속 빈 느낌이다
공허하고 오묘해서

보이지 않는 이
허하디허한 마음은 무얼까

생각을 깊게 하지 말라면서

왜 곱씹을 수 밖에 없는 상처를 주나요

망각은 신의 배려라고 하지만
나는 그 손길로도
치유되지 않은가 보아요

잊고 싶어도 잊지 못하는 기억 속
하염없이 가라앉고 또 유영하는 날

해가 뜨면 애써 일어나
밝은 척하며 아무렇지 않은 척
연기를 하죠

누군가는 내 단편적인 모습만 보고서
행복할 것 같다고, 긍정적이라서 좋다며
모든 장면들을 추측해요

하루를 살아내고
문을 다시 닫는 순간이면
고립된 검은 방 하나를
놓지 못하고 끌어안아 울어요

행복을 타인에게서 찾지 마세요

남의 불행에 대해 기뻐할 필요도 없어요

세상에 단점 없는 사람도 없고
장점 없는 사람도 없어요

빛을 받으면 이면이 생기듯
항상 밝은 사람은 절대로 존재하지 않아요

기대만큼 성과가 안 나오거나 받지 못해도
결코 모든 것들이 다 내 잘못이 아니에요

그러니 남을 탓하지도 말고
내 자리에서 마음껏 행복하기로 해요

불안할 때면 비우기

남들은 다 나아가고 있는 거 같은데
나만 아닌 것 같다는 불안함

아무 일이 없다는 것은
좋았다가도 무서워졌다

공허함을 채우고자
일을 막 벌리게 된다면
감당하지 못하게 돼
필연적으로 힘들어졌다

그럴 때일수록, 그럴 때만큼
감정을 비워내 보자

아무것도 후회하지 말기

그때의 내가 제일 원했던 일이자
할 수 있는 최선이었다는 것

불안하고 두렵고
매번 확신하기도 어려운 미래 속
정답은 아무도 모르기 때문에

과거의 후회 덕분에
배우기도 하고 행복을 그리지

앞으로 함께할 백지들이
얼마나 예쁜 모습일지
참 기대가 되어
계속 그려나가고 싶도록

사람 마음은 보챌수록 도망갑니다

함부로 강요하지 마세요

모든 일들은 필연적으로 흘러가며
가끔은 소란스럽지 않게
조용히 머물고 싶어 해요

계속 무언가를 요구한다면
자연스럽게 부담을 느낄 수밖에,

알아서 할 수 있도록
존중해주고 기다려주세요

조급해할 필요도 없고
내가 해준 만큼 안 해주었다고
원망하거나 미워할 이유도 없어요

진심으로 좋아했다면
당신은 충분히 잘한 거예요

지나고 보니 참 어렸구나

무얼 그리 아등바등 살았나 싶기도 하고
조급할 필요도, 서두를 이유도
하나도 없었던 지난날이 있다

누구나 처음 살아보는 오늘이라서
실수할 수 있고 서투른 것이
당연한 날이었을 텐데

잘하고 싶은 마음이 과해서
나를 옥죄여왔나 싶다가도

한숨조차 편히 못 쉴 정도로 재촉했나 싶어
자책을 하고는 했다

시간이 나를 기다려주지 않으니
뛸 수밖에 없었던 어제 오늘을
이제는 용서함으로써 사랑해 주어야지

이만하면이 아니야, 정말 잘 버틴 거야

평온했던 삶에 예고 없이 찾아오는 불행이란
또 다시 나를 집어삼킬까 애써 불안해진다

끝이 보이지 않는 상처라는 터널 속에서
길을 잃고 헤매다 보니 사소한 상처에는 무뎌진다

울다가도 웃고, 체념하고, 넘어지더라도 다시 일어나는

분명히 다 좋아질 테니까
힘들더라도 살아줬으면 좋겠다.

좋은 날은 분명히 올 테니까

너의 가장 예쁜 오늘이

슬픔으로만 지새우지 않기를 바란다

분명히 아무 일이 없었음에도
극심한 스트레스를 앓고는 했다

세상을 알아간다는 것은
내 생각과 많이 다르기도 하며

마음처럼 안 되는 날에
하염없이 한탄스러웠지만

그럼에도 우리는 잘하고 있다
분명히 나아지고 있다
뻔한 말일지도 모르겠지만

다 지나갈 것이고
더 크게 행복해질 테니

인생은 한 편의 영화와 같다

지금 겪고 있는 일이 잘 풀리지 않더라도
늘 반전이 존재하고

끝이 보이지 않는 위기 속에도
분명 과분한 응원과 사랑이 있다

새로운 장면이 또 등장해도
상관없이 행보를 기대하게 되는

내가 가장 좋아하는, 내 인생이라는 장르
결국 끝은 해피엔딩일 테니까

사실은 나 엄청 예민한 사람이라서

어떤 날은 견디기 어렵다가도,
해야 하는 일 때문에 살아갈 힘을 얻기도 했다.

다 내려놓고 인사하고 나와도
비난할 사람은 없을 것 같았다.

어느 날 홀연히 사라지더라도
찾지 말고, 잊혀도 괜찮을 거라고

누군가 나를 미워해도 된다며
나름의 방어기제를 내세웠다.

엄청 이상하게도 주어진 일 덕분에
하루를 살아내기도 한다.

일 때문에 받는 스트레스가 있음에도
언제나처럼 내가 오늘 하루를 잘 살아갈 거라는
믿음을 지녀본다.

내가 나에게 괜찮다고 말해준 적이

없던 것 같아

얼마나 위로받고 싶고
또 무서운 마음이었을지
감히 헤아릴 수가 없다

다 괜찮아질 거야, 행복할 거야

내가 아무렇지 않으면
다른 사람들도 마찬가지야

내게 필요한 것은 반드시 올 거고
오지 않는다면 굳이 필요 없는 것일 거야.

삶은 때때로

불안에 잠식하게 만들지만
그럼에도 사랑이 있기에 다시금 일어난다.

모든 것을 붙잡으려 할 필요도 없고
모두에게 사랑받으려 애쓸 이유 역시 없다

인생은 때때로 못됐고
이유 없는 미움을 안겨주지만

그럼에도 어둠은
반드시 아침을 데리고 오니까.

시련과 아픔

누군가의 아픔을 나의 경험에 빗대어
헤아리는 것조차 오만이라 느꼈다.

얼마나 힘들지, 어떤 말로 위로를 못 할 만큼
감히 이루 말할 수가 없었다.

그럼에도 시련의 끝에는
미처 알지 못했던 큰 행복이
나를 기다리고 있을 것

수고 많았다, 애썼다
욕봤다

너무 힘들다고 해서

나를 잃어버리면 안 돼

단순히 상황이 따라주지 않는 그런 날이 있어
모든 것이 불리하게 느껴지는 이상함

아무것도 모르는 이들이
눈앞에 보이는 자극적임에만 취해
나를 음해하고 오해해서

안 그러려고 해도
쉽게 동요될 것 같은 하루야

점점 무시와 핍박의 환경에 익숙해지는
어린 나를 발견하자
나는 나를 구하고 싶어졌어

타인의 판단을 완전히 배제하라고
말하기는 매우 어렵지만,

그럼에도 내가 나를 진짜 정의하는 건
그 누구도 대체할 수 없는 일임을

이젠 알아.

영원하지 않아서

더욱 애틋하고 소중하다.

집 앞 5분 거리의 학교를 다닐 때
하루는 너무 피곤하고 정신이 없는 나머지
유고 결석을 쓸까를 고민했다

"아냐 내가 너무 바랐던 학교생활이야!"
다시금 정신 차리고 샤워로 잠을 깬 후
제일 예쁜 옷을 입고 화장도 했다.

막상 강의실에 가니 같은 수강생들과
교수님의 모습을 보니 오길 잘했다 느끼고

줄 서서 학식을 먹으며 누구보다도 알찬
하루를 보내고는 했다

모든 것이 영원하지 않기에 행복하고
더 소중하게 보내겠다는 다짐이다.

CHAPTER 02

그리우면
기억에 남는 법

머무르고 싶은 사람

굳이 크게 거창하게 무언가를 하지 않아도
존재 자체로 따스함을 주는 이

가끔 힘들어하고 슬퍼한다면
곁에서 큰 힘이 되어주고 싶다는
생각이 들고는 했다

그냥 이 사람이라서
함께하고 싶은 마음은

더욱 머무르고 싶은
기록이자 기억이 되었다

나지막이 비가 오던 날

노란색 가방을 멘 나를 데리러 온 그대,

언덕 위로 올라오며
쓴웃음 짓고
엄마 왔다며 손 흔드는 모습

비가 거센 줄도 모르고
하염없이 달려
고사리 같은 손으로 품에 꼭 안겼다

정장 카라의 땀 내음은
나를 품어준 사랑이 가득했고

등에 업혀 걸어가며
작은 지붕은 나를 지켜주었네

커다란 그대 모습에
늘 비 맞기 일쑤였던 나는
이제는 손에 거머쥘 만큼
훨씬 자라버려서

오랜 시간 모든 날을
안고 걸어온 고단한 냄새를
주름진 손을 맞잡고
함께 걸어가기로 했네

너는 나에게 문장이었고, 나는 너에게 단어였다

우리의 만남은 참 신기했다

서로의 존재도 모르다

우연찮게 삶의 어느 지점에서

함께 한다는 것은

매서운 영하25℃의 추위도 이겨낼 수 있을 것 같았어

너를 보면 막 퍼주고 싶고

다 해주고 싶은 마음이었지만

정작 나는 아무것도 아님을 깨닫는 순간

결국 내 마음은 깨지고야 말았지

각자 바라보고 해석하는 뜻이 달라
의미조차도 엇갈려버린 그런 날

좋아한다고 해서 다 이루어지는 것이 아니더라

여름이었다

후덥지근하고 습해도
시원한 공기 하나에
이내 행복해지는 일

아무리 덥더라도
사랑하는 이의 뜨거운 손은
결코 놓고 싶지 않네

창가 너머의 윤슬이
일렁이는 풍경을
보는 우리들 모습은

각자의 청춘이 한데 모여
만든 어여쁜 계절이라서

어느덧 지나면
비로소 그리워지는
그때의 우리
그날의 향수

찰나의 순간들

필연적으로 흘러가는 일들을
잡으려 애쓰다 보면
결국 나를 잃어버렸다

이것저것 도전하고
실패하며 성공하는
모든 일의 원천인 용기도

진심이라면 사람의 마음을
울리기 마련이니까

힘들고 지치더라도
다시금 나아가보면 어떨까

사실은 굉장히 욕심이
많은 사람임을 알기 때문에

바쁜 것도 좋지만, 내가 먼저 행복하기

단순히 불안하다거나
나만 뒤처지는 것 같은 조급함

존재하지 않다가도 의식하게 되는
타인의 시선을 신경 쓰지 마세요

무언가를 하게 된다면
내 만족이자 내 행복에서
진심으로 우러나와야 해요

음미하는 사람의
마음을 울릴 수 있도록

너무 사랑하고 좋아하니까,
놓아줄 줄도 알아야 해

인연은 예상치 못한 곳에서 시작되기도 하고
생각지 못한 지점에서 끝나기도 해

나를 고장 내 버릴 만큼 반짝이는 사람이 나타나면
온 신경이 다 쏠릴 정도로 의미 부여를 하게 돼

누군가 너무 좋고 계속 머물고 싶은 마음에
붙잡으려 한다면 진한 상처만 남게 될 거야

정말 아끼고 소중하게 생각한다면
영원하지 않은 헤어짐 역시 사랑해 주길 바라

인연이 닿아 다른 곳에서 재회한다면
그때는 우리 아주 오래 보자

영원한 건 없으니 매사 겸손할 것

사람은 망각의 동물이라고 했던가,
익숙함은 생각보다 무서운 일이라서
언젠가 초심을 잃게 되기도 했다

당연함에 눈멀어 등한시하게 된다면
더 크게 돌아서기 마련이었다

큰 걸 바라는 게 아니라 나도 당신에게
우선순위가 되고 싶었던 것뿐인데

어떤 것도 담보가 될 수는 없어
계속 그리 여기게 된다면
무엇이든 네게 가장 예쁜 상처가 되고 말 거야

한낮 나는 어떻게 기억되려나

우연히 볼 일이 있어 다른 동네에 갔다가 친구를 만났다. 친구는 타지 사람인지라 여기서 만날 거라고는 생각도 못 했는데... 둘 다 엄청난 계획형이지만 즉흥적 만남도 꽤 흥미로웠다.

이래저래 이야기를 하다가, 내 주변에 너무나도 잘 된 친구의 이야기를 꺼냈다. 속으로는 내 못난 모습에 스스로를 한심하다고 생각했는데 표정을 보고 눈치 챈 친구가 내게 먼저 말을 꺼냈다.

"너도 누군가에게는 정말 멋진 사람이야."

깜짝 놀랐다. 어쩌면 가장 듣고 싶었지만 감히 바랄 수 없던 이야기가 아니었을까 내가 나이기 때문에 싫은 점도 제일 잘 안다. 나보다 나를 더 싫어할 사람도 없다.

사람이 너무 좋고 정도 많은데 괜히 내가 영향 끼치기 싫어서 잠시 내려놓은 일들도 많다.

지금은 미완이라도 훗날 어떻게 어떤 사람이자 역사로 기억되려나, 다시 만나면 반갑게 인사하는 그날까지

응원 가득 안고 또 그렇게 나아가야지

함께 하고 싶다는 것

무언가를 하다 잘 안되면 다 그만두고 싶었다.

어릴 때 촘촘히 쌓아둔 도미노를
무너뜨릴 때 느꼈던 그 순간의 희열처럼

나는 아직도 그때의 기억 속을
잊지 못하며 계속 유영한다.

분명 노력했다고 생각했는데
아니었던 것 같아 혼란스럽고

초점 없는 동공은 손과 함께
계속 떨고는 했다.

이제는 피하지 않고 버텨보고 싶을뿐더러
오래토록 함께하고 싶은 내 일이 생겼다.

그냥 행복하고 싶은데

생각보다 어렵더라고.

어느 때처럼 오늘 하루도
지나갈 것임을 알지만
무언가를 잃어버린 것만 같아

어딘가 텅 비어 있고
아무리 채워보려고 해도 안돼

분명 아무 생각도 없고
큰 기대와 욕심도 버린 지 오래인데

그냥 이 순간만큼은
덜도 말고 더도 말고
조용히 지나가기로 하자

출처 미상의 불안

분명 만족스럽고 좋았는데도
이유 없이 오싹해지는 느낌을 받았다.

나 괜찮은데, 진짜 좋은데 왜지
너무 좋아서 이 상태가 유지되고 싶은 걸까

행복은 늘 순간성이라
금방 발화되고 마는데

그럼에도 나는
너를 만나기 위해 살아

괜찮다고 하염없이
스스로를 다독이면서

시련과 아픔

이 둘이 있기에 희망과 행복이 있는 거겠지

당신은 시련을 이겨낼 수 있기에 존재하고
버텨낼 수 있기에 태어났다.

이 세상이 당신을 일찍 보고 싶었을까
아니면 예쁜 삶을 얼른 보여주고 싶었을까

둘 다 정답일거라 믿는다.

사랑을 많이 준 사람일수록

아쉬움이라는 잔상이 길게 남아

어떻게 이별을 하고 아무렇지 않겠어
다 괜찮은 척하고 사는 거지

서로의 마음을 감히 저울질하고
재단할 수는 없겠지만

많이 사랑한 쪽이 아쉬움이 없어도
여전히 후유증은 남아

내가 너를 사랑한 것을
절대로 후회하지 않으니 걱정 마
새드엔딩 속에서도 행복한 장면은 있으니까

더 이상 예전으로 돌아갈 수 없다는 사실

잘 지내다가도 네가 참

사무치게 그리워서 울어

별은 내 곁에 있을 때보다

밤하늘에 있을 때 가장 빛난다.

너무 갖고 싶고 함께 하고픈 사람일지라도
붙잡거나 통제하려 애쓰기보다
놓아주는 법을 알아야 한다.

공허함에 외롭고 속상할지라도
슬픔을 통해 비워냄으로써
새로운 것을 채워 넣으면서 배운다.

별은 어둠 없이 빛날 수 없기에
서로가 별과 어둠이 되어
시간의 무게를 견디어 보자.

말을 해주지 않으면 몰라

이해받을 수 있을 때
많이 받았으면 좋겠다.

나이가 들수록
나를 제약하는 상황이 많아지고

슬픔을 공감받기는커녕
평가받게 되는 사회라서

언젠가는 부담감과 불합리함에
맞서 싸우기는커녕
참고 살아야 할 때가 올 거야

할 수 있을 때 많이 위로받고

이해받았으면 해

나를 끝까지 잡아주었으면

어떤 일에는 억울함이 있고
무조건적인 비난에 상처받겠지만

그럼에도 한편에는
나를 사랑해 주는 사람들이 있었다

모든 사람들을 적대시하고 경계하고
사랑받았던 날을 지우고자 한다면

진짜 나를 위해 기도하고 있던 이들에게
큰 상처가 되었으려나 싶어 두렵다

사실 나는 사랑이 많은 사람이라서

과거가 그립다는 것은
너무 좋았거나, 아니면 바꾸고 싶거나
둘 중 하나야

이미 엎질러진 물을 치울 수는 없지만
단순히 운이 안 좋다고 보기에는
너는 너무 어렸는데 안타깝다.

많은 사람들이 궁금해하는 것에 대해
답변하기가 어렵고 난처할 거야
사람이 무서워지기도 하겠지

주변의 불합리함에 휘둘리지말고
훨씬 더 높이 날아줘, 멀리 나아가줘

사랑시

거대한 태양일수록
잃어버렸을 때 어둠은 더욱 깊은 편

내가 떠났을 때
정말 많은 사람들이 슬퍼했을지 몰라
그리웠을 수도 있어

빈자리가 크다는 거
그만큼 좋은 사람이었다는 뜻이니까

시간을 되돌려서라도
너를 찾으러 갈게

아니면 그 바깥에 맞닿더라도

난 기다릴게

충분히 행복해질 수 있어

너의 행복은 너만이 가꾸어나가고
정의 내릴 수 있는 법이니까

오늘 무얼 입고 뭘 먹을지
고민하고 선택하는 것처럼

결국 모든 것은 나로부터 비롯되고
행복할 수 있어서 그런 거야

벌써 겨울인데, 마냥 춥다기보다
사람의 온기를 느낄 수 있는 계절이길 바라

어둠이 짙을수록

내일의 태양은 훨씬 밝고 아름다울 거야

세상은 죽을 때까지도
전체를 다 볼 수 없을 만큼 크고 넓으며

삶은 말할 수 없이 아름다운 축복이다

인생에는 가치의 우열을 가릴 수 없는
여러 길이 있고

어느 길에서라도 스스로
인간다움을 잘 가꾸면
나름의 기쁨과 보람과 행복을 발견할 수 있다

CHAPTER 03

삶의 어느 지점에서
우리가 만났다는 것

미완의 존재들에게 전하고픈 영원의 위로

순간의 향연들

누군가를 기억하는 데 있어
향기만큼 강력한 것이 없다.

스쳐 지나가는 인연일지라도
어? 하고 돌아보게 만드는 그러함

아주 작아 보이지만 큰 힘을 가졌기에
내가 너를 좋아하나보다.

누군가를 제대로 겪어보지 않았다면 추측하지 마

'사람은 겪어봐야 아는 법'이라는 말은 진리다.

내가 누군가와 친해지게 되면 겪어보지 않은 이에
대한 말을 듣기 마련이다.

편견을 갖게 된다면 내 세상도 자연스럽게 멀어지
고 상대 역시 억울할 터

그러니 남에 대해 함부로 말하지 말자
돌고 돌아 다 돌아온다.

사랑은 마치 신호등 같아서

좋아하는 오빠가 있었다. 쌍꺼풀 진한 사람이 이상형이던 내게 딱 맞는 사람이었다. 계획이 없는 삶은 꿈도 꾸지 않았고 매번 차분해지려 노력하는 내 모습이 아깝지 않을 만큼 온 애정을 주고 싶었다.

그러나, 오빠의 약지에는 어여쁜 동그라미 하나가 있었다. 어느 날 내게 소개시켜 주고 싶다며 언니를 데려왔다. 참 착하고 예쁜 사람, 다정하고 따스해서 질투라는 감정조차 사그리 없어진 날 웃는 얼굴에 침 못 뱉는다는 속담이 생각날 만큼 정말 좋은 사람이었다.

너무 착하고 좋은 사람임이 느껴져 상처 주고 싶지 않았다. 둘은 서로를 마주 보는 데 진심으로 행복해 보였다. 내 마음을 주체할 수가 없어 당장이라도 붙잡고 싶을 정도로, 단 한 번이라도 좋으니 얼굴을 마주하고 싶었다. 뒤를 따라갔지만 결국 횡단보도에 걸리고 말았다.

어쩌면 전하지 못한 마음도 타이밍이라는 신호가 중요한 것 아닐까. 갑작스럽게 찾아와버린 마음의 사고는 나를 아프게 했다. 여전히 나는 기약 없는 빨간불이 되어 하염없이 건널 날만 기다리고 있었다.

언젠가는 맞은 편에서, 그동안 보고 싶었다며 오래 기다렸다고 말하면서 먼저 내 손을 잡아줄 그런 사람이 오려나 어떻게 생겼는지, 이름은 무엇인지 하나도 모르는 내 짝을 기다리며, 그럼에도 우리가 하나에서 둘이 되어 사랑의 활주로를 건너갈 일만 기다리는 날

제주의 재주

2018년 6월 17살의 나는 수학여행 때 좋은 추억이 생기길 간절히 기도했다. 그러나 내 바람은 결코 이루어지지 않았다.

친구 한 명 없이 따돌림을 당하며 보낸 여행은 말 그대로 지옥이자 온전히 견뎌야 하는 시간이었다. 그토록 바라던 제주였지만 밥도 먹지 못하고 화장실에서 울며 제대로 관광을 즐기지 못하자 모든 일이 다 내 잘못 같았다.

'찐따·왕따…'

내 이름을 언급하지 않고 대신 부르는 단어였다. 분명 법적으로 '김수림'이라는 이름이 있음에도 같은 반 아이들과 일면식도 없던 다른 반 아이들이 나를 욕했다.

혹시라도 문제가 생길 상황을 대비해 내 이름은 절

대 언급하지 않지만 누굴 지칭하는지 은연중에 알게
됐다. 혼자 다니는 것도 부끄럽고 속상했는데 불특정
다수의 시선은 감당할 수 없을 만큼 무겁고 무서웠다.

도두봉과 주상절리, 천지연 폭포, 제주 올레길, 송
악산 등 유명하고 예쁜 장소는 다 방문했지만 그때의
내 추억은 결코 예쁠 수 없었다. 같이 다니고 싶어 조
심스레 물어봐도 '아...'이러면서 나를 빼고 대화를 주
고받는다.

밥을 먹고 싶어 몰래 다가가도 "자리 있어."라며 내
가 앉으려던 의자를 밀어버렸다. 선생님께서 다른 자
리를 추천해 주셨지만 그들의 공격적인 눈빛은 여전
했다.

혼자 앉기 싫어서 '같이 앉을래?'라고 물어봐도 서
로를 쳐다보며 웃는 비언어적 폭력만 지속될 뿐이었
다. 증거를 잡을 수 없어 당사자는 고통스럽지만 자기
일 아니라며 모른척하는 이들이 한없이 미웠다.

내게 있어 수학여행과 그 장소였던 제주는 아주 깊
고 큰 상처만 남았다. 마음이 천 갈래와만 갈래 찢어
지며 하염없이 내 운명을 한탄했다.

'내가 이 학교에 온 것이 잘못일까?' 싶어서 후회하

고 엉엉 울었다. 눈물범벅이 된 내 모습을 보며 위로
는커녕 저 멀리서 깔깔 웃으며 조리돌림 하는 이들을
보며 나 자신은 싸울 힘도 없어서 더 비참하게만 느
껴졌다.

그리고 1년 뒤 2019년 6월. 여전히 멈출 줄 모르는
정서적 괴롭힘은 내가 자퇴를 하고 나서야 완전히 끝
났다. 야속하게도 누군가 죽거나 떠나야만 끝나는 일
이었다는 게 미웠다.

누가 주도자였는지 알아내지도 못하고 다들 모른
척 아닌 척하며 살아가는 게 뻔뻔하고 정내미가 떨어
졌다. 내 학창 시절은 행복이라고는 눈 씻고 찾아보기
어려울 만큼 암담했다.

심리 상담과 정신의학 치료를 병행하면서 학교를
다니는 아이들이나 교복 입은 사람들만 봐도 무서워
서 피할 정도였다. 진단 병명은 트라우마(TRAUMA)
와 외상 후 스트레스 장애(PTSD)였다.

아무리 피하려 노력해도 원수는 외나무다리에서
만난다는 속설이 있듯 내가 자퇴한 소식을 듣고 '인
생 망했다'와 '우리는 수림이처럼 살지 말자'며 나를
조롱하고 따돌리는 소리를 직접 들었다.

그 말을 듣고 도저히 참을 수 없을 만큼 화가 났다. 주먹을 쥐면서 이 악물고 '내가 꼭 성공한다'며 더 독기를 품었다.

　나는 자퇴 후 제일 먼저 제주도에 가고 싶었다. 직접 돈을 벌어 간다면 훨씬 성장한 내 모습이 보일 거라는 희망을 가졌다.

　학교 대신 꿈드림 센터를 다니며 치료도 꾸준히 받고, 서울에 있는 극단에서 배우 제의를 받아 연습생으로 지낸 적도 있다.

　학교를 나와서, 더 큰 세상이 학교가 된 나는 새로운 사람들을 사귀고 온전히 '나'로 존중받게 되자 더할 나위 없이 행복했다.

　그러나 과거의 상처는 족쇄처럼 아무리 잊고 싶어도 잊을 수 없는 기억일만큼 지속적으로 나를 힘들게 했다. 나는 내가 삶의 주체가 되고 싶었고, 상처가 결코 판단의 주체가 돼 주객전도의 인생을 살기 싫었다.

　2020년 6월, 나는 수험생이 되었다. 같은 학교를 다녔던 애들이 계속 조롱하고 비아냥대는 야유는 들렸지만 내가 더 잘될 거라는 복수심을 동력 삼아 살았다.

꼭 좋은 대학교에 입학해서 아르바이트도 하고 새로운 대학 친구들, 더 나아가 사랑하는 사람을 사귀고 싶었다.

힘든 수험 생활 속에서도 제주도에 가서 어린 시절의 나를 다독이고 싶다는 생각은 변함이 없었다. 슬퍼할 겨를도 없이 시간을 보낸 후 수많은 시행착오 끝에 12월 겨울, 대학교 합격 소식이 들려왔다.

2021년 20살, 나는 신입생으로 입학했다. 대학 생활을 많이 걱정했지만 무척 만족스러운 나날들이 가득했다.

새로 사귄 사람들과 선배들, 교수님 등 적어도 '사람' 때문에 마음고생하고 힘든 일은 없어서 감사했다. 오히려 나도 받은 만큼 두 배 세배로 더 잘해주고 싶다는 마음이 크게 들었다.

내가 입학한 학과는 사회복지학과로 '나의 꿈 발표'라는 시간이 있었다. 그때 나는 '제주도'에 가고 싶다고 말하며 취지는 어린 시절의 나와 상처를 다독여 더 성장한 내가 되겠다는 것이었다.

그때 밥을 먹지 못하고 마음 편히 즐기지 못한 게 많이 안타깝고 속상하지만 어른이 된 내가 직접 마주

해 위로한다면 상처가 행복으로 전화위복 될 거라 굳게 믿었다.

2022년 1월, 나는 스물한 살이 되었다. 그동안 아르바이트로 모았던 월급과 부모님의 지원으로 그토록 꿈에 그리던 제주도를 다녀왔다.

비행기를 타는 동안 따듯한 말투로 다정히 대해주신 승무원도 감사했고, 공항에서 넘어졌는데 '괜찮으세요?'라며 걱정해 주신 시민들, 당시 수학여행 때는 아파서 불참을 해도 미움을 받았는데 달라진 상황이 진심으로 행복해 눈물을 흘렸다.

이호테우해변과 제주스런 무드등 만들기, 짚라인, 도두봉, 빛의 벙커 전시회 등 가 보고 싶었던 명소도 가고 먹고 싶었던 흑돼지와 한정식도 먹었다.

제주에서 새로 사귄 친구 예은이와 서연이도 만나고, 일면식 없는 분의 인심으로 귤도 먹고 차량도 태워주셨다. 너무 기쁜 나머지 있었던 일들을 빠짐없이 인스타그램에 기록했더니 글을 잘 쓴다며 나의 새로운 재주를 알게 됐다.

그 이후 도서 공동 출판도 하고, 글귀 계정을 따로 만들었더니 긍정적인 반응을 받았다. 글과 관련된 전시 제의도 오고, 독립 출판 관련 연락도 오니 무척 기뻤다.

나의 열일곱과 스물하나 그 사이의 4년이라는 시간 속 수많은 상처가 있었지만 멋지게 이겨내 주고, 과거를 다독일 만큼 성장한 나 자신이 자랑스러웠다. 올해 가장 기억에 남는 일화를 꼽자면 '제주'의 기억일 것이다.

상처 속에서 새살을 돋은 여행이라 이번 계기로 더 성장한 내 모습과 가능성이 무척 기대가 된다. 조급해하지 않아도 괜찮으니 같은 하늘 아래에서 느려도 좋으니 언젠가 빛날 각자의 '재주'를 응원하고 싶다.

가을의 굽이진 향

분명 올해 1월 1일에 새해 노래를 선곡하며 친구들과 안부 인사를 주고받았는데,
벌써 10월의 끝이 다가온다.

2023년을 즐길 수 있는 달이 두 번 밖에 남지 않았다는 것은
매일 빼곡히 적어둔 일기장이 이제는 한 줌에 다 집힌다는
의미였다.

말도 안 돼, 믿을 수 없어
속절없이 빠르게만 느껴지는 시간이 참 야속하고 밉다.

"내가 너를 추월해 볼 수는 없는 걸까?"

오를 수 없는 나무를 한참 동안 바라보았다.

필연적으로 흘러가는 일을 사랑할 것

사람 관계는 참 알다가도 모르는 법,
이 사람 존재 자체가 싫다기보다
상황이 따라주지 않는 경우가 허다했다

분명 내가 컨트롤 할 수 없는 일들은
서로의 잘못이 아니라 각자 열심히 살았기 때문에
시간의 힘에 녹이 슬어 버린 것 아닐까

그러니 불안에 떨면서까지
누군가 떠나는 일을 자책하거나
먼저 내 곁을 떠날까 걱정하지 않아도 된다

당신은 잠시 멀어지는 인연들도
다시 닿고 싶을 만큼

잘 지내나 근황이 궁금할 정도로
큰 매력을 가진 사람이라는 것

돌고 돌아 만난 인연이
더 오래 보는 법

살아보니 그렇더라,
더 단단해지고
마음의 여유가 되어서
만날 때를 이제야 알게 된 기분을

있는 그대로인 나로 살자

당장 눈앞에 닥친 일을 해결하느라,
해야 할 일들이 너무 잘 보이기 때문에
더욱 조급해지고 긴장했던 날들

부족하다고 느꼈을 수도 있지만
그럼에도 우리 너무 잘해왔어요

지금까지 예쁘게 자랐으니까
앞으로도 나를 제일 많이 응원하고

있는 그대로의 모습을
아껴주기로 약속해요

아픈 과거에 머물러있기엔, 네가 너무 소중해

잊고 싶어도 잊지 못하는 기억
아무리 시간이 지나도 아물지 않는 일은

잘 살다가도 막 떠올라서
나를 괴롭히고는 해

억지로 지우려 할수록
더 선명해지기 마련이라서

예쁜 흔적이자 그림으로
재탄생 시켜볼까

미래에 더욱 커진 내가
오늘의 나에게 좋은 날을 선물할 수 있도록
기회를 줄 수 있다면

이제는 우리 진짜 행복해지자

비가 올까 봐 우산을 미리 펴지 않듯이

걱정하는 일이 생길까 불안해하지 않아도 된다

누구나 걱정하는 일이 현실이 된다면
당연히 무섭고 놀라기 마련이지만

주변의 행복을 놓치면서까지
전전긍긍할 필요는 없다.

혹시 모를 상황에 대비해 갖고 다니는
작은 소형 우산처럼

삶에도 언제나 희망이 있고
우리를 지켜 주고 있다.

어떤 날의 위기

예상치 못할 정도로 큰 위기가 오고는 했다.

언제나 행복할 거라는 마음은
과분한 나의 욕심이었을지도 모른다.

후덥지근하고 습해도
기꺼이 손을 내미는 누군가의 용기는
삶을 살아가게 해주는 동력이 되었다.

삶은 내가 상상하는 것 보다

더 좋은 것을 가져다준다.

하늘이 예뻐서, 날씨가 좋아서
온 하루가 사소해 보여도
사실은 가장 아름다워서

하루라도 더 살고 싶고
살아 있기에 감사한 날들이다.

꽃을 드러내지 말라

하지만 향은 새어 나온다

빛을 드러내지 말자
알아서 빛이 새어 나온다

꽃과 빛이 있어도 세간에 알려지니
스스로 숨은 인재는 하늘이 드러낸다

겨울이 있고서 봄이 오는 법
그대에게 주어진 겨울은
봄을 준비하는 과정이니

온기

사람들은 내 생각 이상으로 나를 좋아한다.

모두가 나를 싫어한다고 생각하고
마음의 문을 닫고 살았음에도
세상은 아직 따뜻하다는 걸 알려준 이들에게

나 역시 용기를 내서 한 발자국 다가가자
그렇게 '서로'이자 '우리'가 되는 길이다.

내가 힘들수록

다른 사람들에게 친절해야 한다.

저마다의 사연과 고충이 있어
사람 사이의 고민과 경중을 감히 재단할 수는 없지만

힘들수록 일상을 잘 챙기고
이야기를 꺼낸다면
더욱 다정하게 말을 건네야 한다.

함부로 대하고 화풀이하게 된다면
멀지 않은 시간에 고스란히 돌아온다.

내가 나서지 않아도

나쁜 놈들은 언젠가 벌받게 될 거야

나도 나빴으면 좋겠다고 생각한 적 있다
악랄하고 영악한 사람이 잘 사는 것 같아서

나에게 심한 상처를 주고도
아무런 죄책감 없이 잘 사는 것 같은 상대 모습에

착하게 살 필요가 있나, 인과응보는 존재하는가? 라는
의문이 들었다

막상 나쁘게 살려고 해도
몸과 마음이 둘 다 안되길래

그냥 하늘의 뜻에 맡겨 알아서 천벌 받기를
감히 기도해 보았다

사람 인생은 정말 몰라서

어릴 때 책 읽기와 글쓰기를 엄청 싫어했던 내가
지금은 독서와 일기 없이는 못 사는 삶을 살고 있다

카메라 조작도 전혀 못 하던 내가
이제는 가장 친한 친구 삼아
공모전에서 수상을 하고, 개인 전시를 하고 있다

별 볼 일 없고 하지 않을 것 같던 일이
살다 보면 내 가장 가까이에 머물고는 하더라

어쩌면 우리는

인연이 아니었지만

당신과의 미련을 놓지 못해
여기까지 이어진 게 아닌가 싶습니다

아무리 애써도 안되는 관계는
놓아주어야 하는 게 맞지만

살다 보면 간직하고 싶은 관계는
어렴풋이 생기기 마련이라

늦더라도 좋은
언젠가 길게 만나기 위한
잠시 멀어짐이라 생각하겠습니다

CHAPTER 04

열심히 살아본 기억이
나를 만든다

미완의 존재들에게 전하고픈 영원의 위로

오해하는 사람

내가 이 사람에게 얼마나 잘해줬고
또 베풀었는지를 다 떠나서

나에 대한 소문만 믿고
왜곡하는 사람들을
이제는 놓아주기로 했다

나의 얘기를 들을 생각도 하지 않고
해명할 기회조차 주지 않은 이들이 떠나야

비로소 나를 이해해 주는 사람이 생기지 않을까.

하나도 부족하지 않아요, 잘해왔어요

인생은 자기 자신과
평생을 함께하는 이인삼각 게임

맞춰가고 조율하는 것이 무척 중요해서
너무 나를 다그쳐서도 안 돼

마음대로 안 되는 하루가
사무치게 밉더라도
먼저 손 내밀어
일으켜 줄 용기도 알기

장기전인데, 지쳐버리면 쓰나
이미 너무 잘해왔는데

카르페 디엠(Carpe diem)

공부하다가 힘든 순간이 오면
내가 가자 좋은 순간을
불평불만으로 놓치고 있구나라고 생각하면
다시금 펜을 잡을 동기부여가 되었다.

불평할 시간에 하루라도 더 행복을 담고,
너무 먼 미래를 보면 불안해한다면
지금의 행복을 놓치기 마련이었다.

오늘이 내 가장 예쁜 날이자
언제든 펼쳐보고픈 추억이 되기를 바란다.

말의 유통기한

음식에도 유통기한이 있듯이
말에도 언제나 유통기한이 있다.

나의 진심을 용기 내 전했을 때
상대가 왜곡하고, 곡해하는 한이 있어도
그건 상대의 문제이지 나의 문제가 아니다.

믿어주고 응원해 주는 사람들
여전히 나의 평안함을 바라는 이들
저물지 않는 고마움을 기억하며

나도 그들에게 잘해주고
베풀며 살아가야겠다.

너무 먼 미래를 보고 싶지 않아

불안함에 걱정이 뒤따라오면서
현재를 망치게 되는 거니까

무슨 상황이 생길지 몰라
당연히 무섭고 두렵지
후유증도 많이 심할 거야

이 과정이 정신적으로 많이 소모되고
결코 쉽지 않겠지만
그럼에도 해낼 수 있을 거라 믿어.

내가 원하는 결말이 아니더라도

끝이 있어야 아름다운 법이다.

어떤 관계든 필연적으로 마침표를 찍게 되지만
마지막 인사는 최대한 늦게 하기로 해요 우리

새드엔딩 영화에서도 행복한 장면은 있듯이
모든 관계가 감히 해피엔딩이라고 장담할 수는 없
을 것 같아요

살다 보면 위기가 오고
모든 것을 다 휩쓸 만큼 폭풍우는
무서운 감정을 수반하지만

머지않아 새로이 뜰 내일의 태양은

비교 불가능할 정도로 환할 거라

내가 감히 장담할게요

나를 제일 많이 사랑하고 응원할 것

번아웃과 슬럼프가 안 왔다면 거짓말이겠죠
같은 일을 반복하는 데 지치지 않을 사람은 없어요

기약 없는 기다림 속에서도
헤쳐나갈 수 있는 이유는

내가 잘되었으면 좋겠다는
사랑과 응원이 있어서가 아닐까요

언젠가 될 것이라는 믿음을
보상받을 그날을 향해

사랑이란

당신이 더 잘되기를 바라는 마음이에요

바쁜 일상에도 밥은 잘 먹고 있을까
잠 못 드는 밤이 지속되지는 않은지

하루하루 정신없고 바쁠지라도
천천히 숨 돌리며
예쁜 풍경을 눈에 가득 담고

그렇게 함께하는
하루가 많아지길 바라는 마음

모든 노력은 제때 빛을 보지 않는다

잘하고 싶은 마음에 목표를 세우고
안쓰럽다는 말까지 들으며
독하게 살아왔다

스스로를 달래기보다
매번 다그치며 혼내서라도
꼭 이루고 싶은 마음이었다

그러나, 노력은 배신하고
결과는 나의 시간을
허무히 만들어 버리자

속상함에 울기도 하고
한숨 푹푹 내쉬던 지난날에

내가 이상한 것 같고
다 잘못한 듯싶었다

어느 순간 포텐이 터지는
이상한 날도 있고
이걸 왜 몰랐지 싶어
한참을 웃기도 했다

모든 일에는 시간이 필요한 법이지만
그럼에도 내 편이길
감히 바랐다.

아쉬움이 없는 사람이 될 것

완벽한 사람은 없고
매사 불안과 걱정이 공존하는 세상 속

원치 않게 맞지 않는 사람도 생기고
나만 손해 본 것 같다는 느낌이 든 날

그럼에도 후회가 없는 것은
최선을 다했기 때문이겠죠?

설령 원하던 일이 잘되지 않더라도
열심히 살아온 지난날이
당신을 지켜줄 거예요.

그거 어떻게 하는 거였더라

뭐든 빨리하는 것이
정답이라 생각했다

'천천히'라는 단어는
마음속에서 지워진 지 오래라

계속 차분하다가도 어떨 때는
이상하리만큼 다급했다.

왜 이럴까, 왜 이러냐 나
좀 더 여유 가져도
괜찮을 것 같은데

그거 어떻게 하는 거였더라

인정받아야만 대단한 사람이 되는 게 아니야

타인과 공존하는 세상 속
맞추어 살아가다 보니
자연스럽게 누군가의 시선도
배제할 수는 없겠지만은

어느 누구도 대신 살아줄 수 없는
오직 나만이 할 수 있는
내 삶을 살아요

되돌아보면 얼마나 더 자라있을까

모든 작품들이 그러하듯
천천히 음미하면서
내 것으로 만드는 일 같아

뭐든지 우리는 데 시간이 필요한 만큼
우리가 되는 것도 시간도 필요해

다사다난했던 지난날을 뒤로 하고
멋지고 예쁜 흔적들을 새겨나가자

지나고 보면 아주 많이
애틋할 순간이니까

어떤 노력은 가시적이면 안 돼

성장의 변화가 바로 보이면 너무 좋겠지만
정말 조용하게 묵묵히 해야만 하는 일이 있어

불안하고 답답한 데다 고통스럽게 느껴진다면
자책으로 마음을 더 쌓기보다
잘하고 있다는 말로 한 번 정도는 비워줘

그래야 다시금
나아갈 힘을 얻고

모든 삶의 정답은 나 자신에게 있다는 것을
한 번 더 복기할 수 있게

타인의 불행에 기뻐한다면 결국 내 손해에요

사람은 누구나 장단점이 있다.
좋은 일이 있으면 안 좋은 일이 생기는
인생사 새옹지마

지금 겪고 있는 고통이
영원할 것처럼 느껴지지만
반드시 지나간다.

마음이 아물어
다시 일어날 수 있도록

조금만 더 관대하고 따듯한 세상이기를
감히 바란다.

최고는 아니더라도, 최선을 다할래요

노력한다고 해서 다 되는 것이 아니었다.

인생은 성공보다
실패가 더 많고 잘 어울린다.

그럼에도 최선을 다하면
치를 떨 정도로 돌아가기 싫다.

아쉬움이 남으면
미련과 후회가 공존하니까

최고가 아니라 최선이 되어야겠다
나를 위해서, 또 사랑하는 사람들을 위해서.

하늘이 장차 큰 사람이 될 이에게는

반드시 마음을 괴롭게 하고 몸을 수고롭게 한다

맹자께서 아뢰시기를, 하늘은 어떤 사람에게
그동안 해온 적 없는 큰 임무를 맡기기 위해
그 자질을 시험하고자 한다.

몸을 굶주리고 궁핍하게 만들어
행하고자 하는 바를 어지럽게 하여

이 사람의 마음을 분발하게 하고 성질을 참게 해
할 수 없었던 일을 해낼 수 있게 하기 위함이다.

언제까지나 남에게 좋은 사람이기는 힘들어

함께 공존하며 살아가는 세상이기에
타인의 영향력을 완전히 배제할 수는 없겠지만
한계치를 넘으면 곧 무너지고야 만다.

단순히 좋아서 대가 없는 호의를 건네도
어느 순간 상대가 당연하게 여기면
결국 그 손을 놓고야 말았다.

어떤 관계는 이야기하기 조심스럽기도 하고
한편으로는 조용히 넘어가 주기를
감히 바랐다.

내 마음대로 할 수 없는 일이 참 많은 세상
나의 감정과 행동을
계속 비우고 덜어내는 연습을 통해

나를 더 챙겨주며
이제는 행복해지기로 했다.

차갑고 정나미 없게 느껴지는 세상이라도

결국 살아남는 것은 선과 사랑이다.

내가 잘해도 사고는 생긴다.
세상은 참 야속하게도
열심히 살고 최선을 다하는 자에게
시련을 준다.

법규에 맞춰 운전을 해도 사고가 나고
잘하고 있기 때문에 병목현상이 생긴다.

이 시간 결코 영원하지 않다
분명 모두가 나의 진면목을 알아줄 순간이 곧 온다.

세상은 불안과 맞서 싸워나가는 과정

사소하다고 생각했던 부분들이
사실은 빛나고 있음을 깨닫는 일

걱정하는 일의 대다수는 안 생긴다지만
만에 하나 생긴다면 나는 행운아인가 봐

매번 피할 수는 없지
가끔은 겁나고 무섭지
근데 그럼에도 나는 부딪쳐 싸워나갈거야

힘들 때 곁에 머물러 준 사람

모든 것이 그렇다
화려한 조명 속에 있을 때는
많은 이들의 박수갈채 속에 있지만

예고 없는 위기는
마치 재난문자 같아서
모든 것을 손가락질로 바꾸기도 한다

무섭다, 두렵다
미친 듯이 낙하해 고꾸라져
몸을 가누지 못할 정도로 마음이 아파진다

그럼에도 끝까지
내 곁을 지켜준 이들에게 감사하며

감사하다는 말로도 부족한 당신께

행복하게 잘 사는 모습으로

크게 답례해야지.

주변의 잡음

사실 너무 바쁘면 주변의 잡음이 잘 들리지 않는다.
심지어는 관심조차 없어진다.

매 하루하루 내 삶을 충실히 살아가기도 바쁘고
목표한 바를 이루기 위해 그에 상응하는 노력을 한다.

물론 열심히 산다고 해서 다 잘 되는 것도 아니고
교통법규를 아무리 지켜도 사고는 생기기 마련이었다.

내가 통제할 수 없는 일이 있더라도
그럼에도 나는 최선을 다해 살아갈 것이다.

나는 내가 좋고, 더 잘되기를 바란다.

파도라는 사고

휘몰아치는 거센 물결에 잠식될까 봐
하염없이 두렵고 발버둥 칠지라도

파도를 탈 준비가 된 사람은
잠시 고통스러울 뿐
결국 자신만의 도착지를 발견한다.

그 흐름을 따라 아주 멋진 곳으로 가자
너의 앞날은 이루 말할 수 없을 만큼
반짝일 거야

불확실성에 맞서 싸울 용기

예술가는 직업이 아니라 '상태'라고 해도 과언이 아니다.
점점 글의 중요성이 잊히더라도
이야기를 만들고 전달하는 일은
고귀하고 가치 있는 법이다.

모든 예술가들은
사람의 마음을 움직일 수 있는 힘을 가졌다.

그에 상응하는 힘든 기억들이
가끔은 나를 삼키더라도

결국 진짜 나를 만드는 '과정'이었다는 것을
다시금 상기한다.

힘들었던 만큼 기억은 더욱 선명해지는 법
과정 속에서 겪었던 일들로 나를 기억한다.

끝으로 나는 어떤 일을 하더라도
견딜 수 있는 힘을 지녔다.

행복이 오래 가길

누군가 내게 말한다.
행복은 '순간성'일 뿐이라고
그럼에도 나는 지속성과 연속성이길
간절히 기도할 뿐이었다.

어떠한 불안도 내게 찾아오지 말길
마음에 걸리는 것 하나 없이 잘 먹고
평안히 잘 자며 내일을 꿈꾸자

또 다른 고난과 역경도
더 이상 나를 찾지 말아 주길 바라며
온 우주가 나를 돕고 있음을 기억해야지

너무 많은 것들에

몸담고 살지 않기로 했다

모두에게 사랑받기 위한 욕심에
남이 원하는 내 모습을 보여주기 위한 연기는
과하면 과할수록 독이 되고 소화를 못 시키게 된다.

나는 그냥 '나 자체'가 되어
미움받을 각오를 갖기로 했다.

과도해지면 피로하고, 몽롱해지는 정신에
나의 진심 어린 편안함을 추구한다.

잠시 진정

살면서 크게 화나고
이게 맞나 싶을 때

침착하게 내면의 소리에다가
다시 한번 더 차근히 물어보고
어떤 입장인지 다시 들어본다.

내가 잘못 본 건가
오해할 만한 상황인건가
마음속으로 100초를 세 본다.

감정은 잊혀지고 이성이 떠올라
정말 많은 일들을 지킬 수 있었다.

신은 가장 예쁜 꽃을 꺾어다

좋은 흙이 있는 곳에 심었나 보다

나는 갑작스러운 이별에 많이 힘들었고
다시금 관계를 돌리려 애써도
그리하지 못해 답답하고 속상했다.

어쩌면 나는 장대비 속 우산과도 같아서
힘들어도 미소 한 번에 사그리 녹아내렸다

너는 누군가의 꿈이자 희망이고 사랑이기에
아무리 괴로워도 이 또한 성장통이라 생각하고
더 멋지게 피어나 주길 감히 바란다.

이00

내 일기장 속 적혀져 있는 너
펼쳐보면 아프고 닫으려니 화가 나고

너는 알까,
잊고 싶어도 너를 잊지 못한다는 걸

아무리 미워해도 이 마음이
씻기지 않아서 참 답답해

내가 힘들었던 만큼 너도 아팠으면 좋겠어
나는 이래도 되나 싶을 정도로 행복해질게

큰 사람일수록

준비하는 과정이 긴가 봐

삶을 살다가 긴 터널이라 느껴져
힘들 수도 있겠지만

곁에 많은 사람들이 함께하고 있으니
지치지 말고 끝까지 가보자

인생사 새옹지마

지금 겪는 시련이 복이 될지는
아무도 모른다.

당장 내 앞에 닥친 일을 보면
머리가 새하얘질 정도로
눈앞이 캄캄해졌다.

어두웠기 때문에
별을 볼 수 있었던 만큼

모든 시련이 훗날 축복이 될 수 있게
내가 만들고 가꾸어 나갈 것이다.

누구도 나를 함부로 대할 수 없다

마음이 찢어질 만큼 상처가 깊어도
타인이 정한 나의 모습이 아닌
스스로의 방향으로 나아가기로 했다.

세상은 나를 필요로 하고
진정하고 온전한 나의
진짜 모습을 알고 있다.

오직 나만이 내 삶의 방향을 정하고
미래를 만들어 갈 수 있기에

항상 처음 살아보는 오늘이지만
매사 최선을 다하기로 했다.

최고의 복수는 '망각'

언제부턴가 그이를 생각하면
눈물이 전혀 나오지 않았다

한때는 사랑했던 사람이지만
다른 사람과 함께 있어도
아무런 감정의 동요가 없었으며
그저 무덤덤했다.

잘 지내고 있기에 여유가 생기고
추억이 떠오르지 않아
그렇게 잊혀지고 지워져 갔다.

좋아하길 잘했다고 느끼는 사람

이루어지지 못해도
누군가 나를 좋아한다는 것은
단언컨대 엄청난 축복이다

사람 마음은 돈으로도 살 수 없고
통제하거나 바꾸려 하면
도망가기 일쑤라

칠흑 같은 어둠 속
나를 마음에 품어주고
잘 되길 빌어준 고마운 마음에

좋아하길 잘했다고
느낄 수 있는 사람이 되기로
또 한 번 다짐하게 되었다.

겪지 않았으면 어땠을까

싶은 기억이 있지만

겪어 보았기 때문에 오해하고 있던
진짜 내 편을 찾을 수 있었다.

가장 친했다고 생각한 친구가
내가 힘들 때 발뺌했던 것을 알게 되자
크게 배신감이 들었던 동시에

내 편이 아닐 거라고 생각해
피하고 모른 척했던 인연이
사실은 내 가장 가까운 편이었음을

이제는 나의 성공과 노력은

거르고 걸러 가장 예쁘고 좋은 사람들만 남아

진짜에게 최선을 다하고

매 순간 정성을 바치는

수고로움이 되기로 했다.

운명은 아무도 예측할 수 없는 곳으로

우리를 데려가기도 한다.

때때로 사람의 무의식은
생각 이상으로 자유롭지 못할 때가 있다.

내가 생을 형성하는 것이 아니라
생이 나를 형성하는 경우가 대부분이라

가끔은 예기치 않았고 또는 소망하지 않았던
방향과 형식 속 생이 나를 만들기도 하였다.

내가 죽고 없는 것보다

더한 비극이 있을까

힘들고 여유가 없다 보니
남에게 친절할 힘조차 나지 않아

답답하고 혼란스러운 마음과
소속감의 혼란
마음은 미어터지고는 했다.

나를 싫어하는 사람보다
곁에 머물고 싶어 하는 사람들이
훨씬 더 공허함을 느낀다는 걸 알지만

힘들수록 사람들 곁에 머물러야 하는데
지쳐 쓰러질 만큼 다시 일어설 힘이 없었다.

너를 기억한다는 것은

누군가 너를 기억한다는 것은
그만큼 좋은 사람이라 그래

'이름'은 아주 큰 힘을 가지고 있어서
설령 사라지더라도 계속 부를 수 있는
의미가 되어 주는 거잖아

너는 잠시 멀어지는 인연들도
다시금 닿고 싶을 만큼
큰 매력을 지닌 사람이야

보고 싶고, 그립다는 건
여운을 준다는 뜻이라
이제는 네가 매 순간이 평안하길 기도해

행복하기 위해서

과거를 잊을 필요가 있다

더러운 구정물을 정화시키기 위해
계속해서 숟가락으로 흙을 퍼내는 것이 아니라
깨끗하고 좋은 물로 비워내는 것이 정답이다.

너무 많은 기억을 담으려 할수록
더 예쁘고 좋은 일을 기억할 수 없으며

망각하기 어려운 아픈 기억인 만큼
가장 어여쁜 조각으로 남아줄 것이라 믿는다.

고생 많았어 오늘도

다시 생각해 보면 내게 안 좋은 일은 없었다.

오늘의 운세나 타로, 사주를 좋아하는 내가
어렵고 힘든 운이 들어온다고 하면
지레 겁을 먹고는 했는데

막상 돌아보면 별 큰일 없이 지나온 과거였다.

잘 이겨내고 일어서게 된 모습에
또 언제나처럼 하늘이 나를 도와주길

나한테 위기가 생기면
절대 그럴 사람 아니라고 누군가 얘기해주길

인간관계는 한쪽이 노력한다고 해서
일방적으로 이어지는 것이 아니다.

잘못된 부분이 있다면 함께 맞추어 나가고
조율하며 지내는 것이 관계의 기본이다.

오해가 생기면 안 좋게 볼 것 같다는
고정관념과 무서움에
매번 회피하기도 했지만

내가 사랑하는 사람들과 오랫동안
함께하기 위해서라도
많은 대화를 나누기로 했다.

사람 인(人)자

너는 그동안 사람 간의 관계에서
정말 많이 애써왔기 때문에

누군가 너를 돕고 기댈 수 있게 하는
호의가 어색하고 부끄럽게 느껴졌겠다

하지만 힘든 시간을 같이 버텨왔기 때문에
함께 축하하고 행복할 날이 계속되길 바라

항상 오늘보다 더 나은 내일을
만들어 나가기로 약속하자 우리

축복을 비는 내 마음

너는 꽃이야
햇살이야

그저 반짝반짝 빛나는 별이야
매일 매일 예쁜 너야!

너를 축복해
늘 기도해

오늘도 내일도 사랑해

너는 자유해
널 기대해
너무나 귀하고 너무나 사랑해

과거의 아픔

너무 잘하고 있다고 말해주는 사람이 있다는 것
정말로 참 감사한 일이다

인생 살기가 너무 각박하고 힘들어서
타인의 성취에 박수를 치기도 어렵고
매번 스스로를 비교하고 몰아세웠던 날

사실은 나도 위로받고 싶었고
칭찬과 인정이 참 필요했었다

너무 잘하고 있고 잘해왔기에
충분히 행복할 자격 있다.

과거의 아픔에 갇혀 사느라

내게 다시 돌아올 인연조차도
다시금 놓쳐버리고는 했다

무서워서, 두려워서
또다시 상처받기 싫은 마음에
계속 밀어내다 보니

결국 우리는 도돌이표처럼
과거의 그때로 돌아가 버리고 말았다.

나 사실 너무나도 사과받고 싶고
사랑받고 싶었던 것 있지?

지금의 내가 아니라 그때의 내가
참 필요했는데 지금은 아니었던 것 같아

한편으로는 니가 다가와 줘서
참 좋았어 나

요즘 나의 고민

"어떻게 하면 더 행복할까?"

행복은 형태가 없으며 나름의 규정도 없기에
얼마든지 내가 판단하고 정의 내릴 수 있다.

내가 행복하게 잘 사는 것이
최고의 복수이므로

그러니 더 내 행복을 가꾸고
다른 사람에게 선물할 수 있도록

최선을 다해야겠다.

에세이 같은 사람

너를 보면 마치
사진이 함께 있는 에세이를 보는 것 같았다

섬세하고 감각적인 너의 성향과
다정함이 듬뿍 담긴 성격은

추운 겨울을 당장이라도 녹일
따뜻한 핫초코 같은 사람이라

겪고 있는 모든 일이 다 잘 풀리길
앞으로 있을 모든 날이 행복하길

내 일처럼 너의 내일이 평온하기를
감히 바랐다.

선함은 내가 가진 것 중

최고의 스펙이더라

착함은 자연스러운 것이며
과시하지 않아도 알아서 나타난다

소아과 병동의 간호사 이야기처럼
베이비 캠이 켜진 줄도 모른 채
평소 행실대로 아이를 사랑으로 대하니

마치 신이 머물다 간 것처럼
많은 이들의 마음에 봄을 데려와 주었다

나도 보답을 바라지 않고 마음이 가는 대로
내 만족으로 선행을 베풀고 살아가기로 마음먹었다.

당신 마음의 연서

그리우면 기억에 남는 법이래요

좋은 사람 곁에는 자연스럽게
또 다른 좋은 사람이 오기 마련이라

누군가와 친해지고 싶은 감정에
어떤 사람을 얻고 싶다면

나를 먼저 돌아보고, 가꾸며
먼저 좋은 사람이 되어보려고요.

용기 내 전한 말

나 좀 "도와줘"

사람이 싫다는 말은
사실 나 사랑받고 싶다는 마음이었다

무의식적으로 관심을 끌기 위해
마음이랑 다른 언행을 하기보다는

때로는 솔직하게 용기 내서
도와달라고, 힘들다고 말할 줄도 알아야
누군가 손을 내밀기 마련이니까

내가 마음먹기에 따라

오늘과 다른 행복을 살아갈 수 있으니

아주 많이 행복해야겠다

보이는 것들이 전부가 아니다

세상에 수많은 이면이 있는 만큼
그에 상응하는 갖가지 사연들이 있다

단편적으로 사고하거나
판단하게 된다면 큰 오만이다.

더 예쁘게 피어오를 미래를 위해
합리적으로 의심하고
함부로 재단하지 말 것

오해하는 사람은

멀어지게 내버려두어라

살면서 억울하고 속상한 일이 있겠지
아무리 외쳐도 메아리처럼 울리기만 할 뿐
내 이야기를 들어주지 않는 것 같은 억울함

해명하려고 애쓸수록
결국 나만 지치게 된 경험이 있어

빈자리가 있어야 비로소
나를 이해하는 사람이 찾아온다는 걸 알아

돈으로도 살 수 없고
누구도 통제 불가능한
시간의 힘에 맡겨볼 거야.

유명해진다는 것은

그에 상응하는 미움이 뒤따라온다는 것이다.

반짝반짝 빛나는 스타들을 동경한 적이 있다.

나 역시도 많은 사람들에게 사랑받고 싶고 이목을
끌고 싶은 마음도 들면서,
저렇게 빛난다는 것은 무슨 느낌일까 싶어 부러움
을 사고는 했다.

하루아침에 전교생이 내 이름을 다 알게 되고, 명성
이 올라간 만큼
내가 하고 싶은 얘기조차 편하게 할 수 없어 답답한
마음이 들고는 했다.

지금도 나에 대한 말도 안 되는 허위사실과
흔히 말하는 찌라시들,
논란이 재생산되고 있음을 알고 있다.

진실은 단언컨대 '김수림' 그 자체인데도 불구하고
가십거리를 유흥거리 삼아 즐기는 이들,
자신이 무슨 크기의 돌을 던지는지도 모르고
어떻게든 최대한 나를 아프게 하려는 이들에게

보란 듯이 더 잘 되기 위해 나의 길을 걷기로 했다.

네가 나를 미워해도 나는 행복할 거야

너의 미움 따위 무너지지 않는 강인한 사람이 될 거야

세상의 모든 일은 전후 사정과
납득할 만한 이유가 있어 그런 것인데

당장 보이는 자극적임에만 취한 이들을
지양하는 편이다.

이제는 내가 나를 우선순위로 둘 것이기에
모든 관계를 다 챙기고
갈등을 해결해야 한다는 강박을 버려야지

진짜는 시간이 지날수록
진가가 드러나는 법이니.

훌륭하게 자라기 위한 성장통

원래 성공한 사람들은
어린 시절이 아팠다고 한다.

인생사 원치 않는 일이
거듭 생기더라도
모든 것이 당신 잘못이 아니다.

살아와줘서, 살아있어줘서
정말 고맙다.

홀로 긴 악몽을 겪는 너에게

위기가 생기면 최악부터 생각하는
아주 안 좋은 버릇이 있다.

마음의 교통사고인지 낙상사고인지
긴 장마는 여전히 계속되어
몸의 신경계통조차 마비시키고 말았다.

일상생활이 불가할 정도로 괴로운 고통이란
몸서리칠 만큼 힘들고 괴로워 숨이 막혀오고

누군가 내 목을 조이는 것만 같아
이 세상이 나에게만 등을 진 것 같다.

지금은 혼자라 느낄지라도
얼마나 많은 사람들이 그 뒤에서
진심으로 너를 응원하고 있는지를 알려주고 싶다.

모든 것들은 지나가
우리 천천히 지나가 보자
가끔 사무치게 울고 싶을 때면
혼자 앓지 말고 꼭 말해줘

언젠가는 웃으며 이 위기를 회상하고 보내줄 날이 와
그러니 잘될 거라고 믿자.

어떤 상황이 생겨도

내가 먼저 행복해야 해요.

수많은 위기가 닥쳤을 때
나를 우선순위에 두는 연습을 한다면
조금 더 유연해지지 않을까요

허우적거리는 위기 속에서
평정심을 잡는 연습

상처가 나더라도
다음으로 가는 데 있어
큰 자산이 되어줄 거예요.

사람을 불러 모으는 재주

누군가를 만났을 때 칭찬을 들으면
싫어할 사람은 없다.

20대가 되어, 가장 많이 들었던
나에 관한 이야기 중
사람을 끌어모으고 한뜻으로 합치는 재주가 있다
는 말에
몸 둘 바를 모를 정도로 크게 감사했다.

"너랑 있으면 정말 연고도 없는 사람들이랑 쉽게
친해진다."
"곁에 머무르면서, 생기 있는 분위기를 만들어주어
고맙다."

서로의 소중함과 고마움을 알기에

오늘보다 더 나은 사람이 되고 싶은 내일

너의 가장 예쁜 오늘이

분명히 아무 일이 없었음에도
극심한 스트레스를 앓고는 했다

세상을 알아간다는 것은
내 생각과 많이 다르기도 하며

마음처럼 따라주지 않는 날은
하염없이 한탄스러웠다.

그럼에도 우리는 잘하고 있다
분명히 나아지고 있다.

뻔한 말일지도 모르겠지만

다 지나갈 것이고

더 크게 행복할 것이다.

불안에 떨면서까지 유지하고 싶은 관계는 없다

모든 관계를 다 챙기고
갈등을 해결해야 한다는 강박을 갖지 말기

가끔은 피하거나
시간의 힘에 맡기는 것도 필요하다.

갈등에 대응하지 않고 멈추는 것은
절대 나약해서가 아니라
과한 열기를 식히는 '과정'이다.

모두와 친하게 지낼 필요도 없고
나 역시 모든 이들을 다 좋아할 수
없다는 사실을 알기

그럼에도 우리 모두는
존중할 의무가 있다는 것을 새기기

성실하게 살아온 시간들이
훗날 나를 지켜줄 거야

열심히 살자,
다시 오지 않을 어제를
하염없이 그리워하지 말고

지금 당장 성과가
나타나지 않는다고 해서
그동안의 노력들을
절대 포기하지 않아 주었으면 해

큰 그릇일수록 무언가를 담는 데
많은 시간이 걸리는 법이야

하루가 지나고 또 성장해 있을
네 모습이 기대돼

가끔은 기댈 줄 아는 사람이었으면 좋겠습니다

모든 일을 다 혼자서 감내하려 하지 마세요
동료나 연인을 믿는 것도
삶을 살아가는 데 있어 필요한 힘입니다.

하고 싶은 일이나 해야 할 일이
명확해서 주는 행복도 있지만

무언가를 해야만 나를 인정할 필요 없고
조급함에 혼자 다 해내려 하지 않아도 되어요

하물며 오늘 실수를 하고 상처 입을지라도
서툴지만 괜찮은 하루였다고
토닥여주는 긴 밤이길 바라요

너무 잘하고 있으니
모든 일에는 시간이 필요하다는 걸

지금은 시간이라는 동료가
일할 기회를 주세요

물 들어올 때 버티기

불안하기도 하고 두려울 거야
내가 잘하고 있는지
확신조차 안 서는 날이 많고

잘 되는 것 같아도
언제든 찾아올 것 같은 불행 때문에
막연한 불안함과 긴장의 바다에
깊게 빠질지도 몰라

부담감과 책임감 때문에
그동안 쌓아온 무게를
내려놓고 싶은 날이 와도
쉬어가도 좋으니 포기하지는 말자

갯벌에 발이 빠지면
잠시 누워 하늘을 바라보래
미처 보지 못한 푸른 하늘이
불행을 막아주는 우산이 되어 줄 거야

스스로가 싫다가도, 평생을 함께하는 건 나라서

계속 자책하다가도 잘 살고 싶은 마음에 공부하고
좀 더 나은 사람이 되고자 한껏 꾸몄지

말과 마음이 주는 힘은 생각보다 가해서
불현듯 불안이 밀려와도 결국은 좋은 생각으로 덮었지

힘들다가도, 가끔은 사무치게 울더라도
다시금 일어날 수 있는 이유
나는 나를 사랑하고 있었던 거야

무의식이 주는 힘
이 서사의 진행과 엔딩은
얼마나 더 예쁘게 장식되려고 이리 힘드나

사람이 싫은 건 아닌데, 누가 나 안 찾아줬으면

지친 것도 아니고
딱히 힘든 일이 있는 것도 아닌데
이상하게 힘이 안 나

나에 대해서 아무것도 물어봐 주지 않았으면 하고
붙잡아달라는 이야기는 더 아니야

지금은 그냥 시간이 필요해
내가 그냥 그래

인생은 내가 정해놓은 대로 가지 않더라

번아웃과 슬럼프가
안 왔다면 거짓말이야

같은 일을 계속 반복하는데
지치지 않을 사람은 없어

기약 없는 기다림 속에서
그럼에도 헤쳐나가는 것은

언젠가 될 것이라는
믿음이 있어서 그랬던 거야

생각을 깊게 하지 말라면서

왜 곱씹을 수 밖에 없는 상처를 주나요

망각은 신의 배려라고 하지만
나는 그 손길로도
치유되지 않는 것 같아요

잊고 싶어도 잊지 못하는 기억 속
하염없이 가라앉고 또 유영하는 와중에

날이 밝아오면 나도 애써
밝은 척하며 살아보지만

누군가는 내 단편적인 조각만 보고서
모든 장면들을 추측해요

하루를 살아내고
문을 다시 닫는 순간이면
고립된 검은 방 하나를
여전히 놓지 못하고 끌어안아요

불안할 때는 채우기 보다 비우려 해봐요

좀 나아질지도 몰라요

아무 일이 없다는 것은
좋았다가도 무서워지는 일이라서

공허함을 채우고자
일을 막 벌리게 되면
결국 내가 벅차게 되고
필연적으로 힘들어져요

그럴 때일수록, 그럴 때만큼
감정을 비워 내보아요 우리

영원한 것은 없기에 겸손하게 살아갈 것

사람은 망각의 동물이라고 했던가,
익숙함은 생각보다 무서운 일이라서
언젠가 초심을 잃게 되기도 했다

당연함에 눈멀어 등한시하게 된다면
더 크게 돌아서기 마련이었다

큰 걸 바라는 게 아니라 나도 당신에게
우선순위가 되고 싶었던 것뿐인데

어떤 것도 담보가 될 수는 없어
계속 그리 여기게 된다면
무엇이든 네게 가장 예쁜 상처가 되고 말 거야

누군가는 너를 사랑하고 있다

한 치 앞도 예상할 수 없는 미래
삶은 행복보다 고난이 더 잘 어울리는 듯하다

끝을 예측할 수 없는 막막함 속에서도
여전히 '사랑'은 다양한 모습으로 곁에 머문다

보이지 않는 사랑을 승산으로 치환한다는 것
함께 행복해질 가능성을 더욱 갖게 하는 희망이 된다.

너무 잘하고 있어서 힘든 것이다

예전에 심리 상담을 받으면서 힘듦을 토로한 적이 있다.

또다시 위기가 생길까 봐 너무 무섭다고,

보이는 자극적임에만 심취한 사람들이 싫다고 말이다.

선생님께서는 "수림 씨를 도와줄 수 있는 사람들이 많아요,

그러니 자신을 챙기면서 하던 대로 베푸세요"라고 이야기를 해주셨다.

이후로도 상담을 받으며 선생님께서는 세상은 원래 불합리하고

공정하지 못한 순간들이 많다고 하셨다.

하지만 비행기처럼 높이 날면서 그것들에 걸려 넘어지지 말라는 말씀처럼

내가 불안했던 건 사실 내 삶을 사랑하고 있기 때문이라 그랬던 것 같다.

지금도 묵음의 응원들에 감사하며 누군가에게 난 고마운 사람보다

그리운 사람으로 남기로 다짐하였다.

행복했습니다

이보다 더 아름다울 청춘의 한 페이지는
앞으로도 계속되었으면 합니다

살아있길 잘했다고, 다행이라고
스스로를 다독여줄 수 있는 날이 왔음에 감사합니다

이 세상에서 가장 간절한 말이 있다면
단언컨대 '살고 싶다'일 것입니다.

앞으로도 하루하루 치열히
간절한 마음으로 감사히 살아갈 것을
약속드립니다.

매일이 행복할 수는 없지만

행복한 일은 매일 있다.

완벽하다고 생각한 오늘도 지나고 보니
부족함이 느껴져서 아쉬움이 떠오른다.

주변의 좋은 사람들 덕분에
칭찬과 충고라는 햇빛과 물을 받아
나를 좀 더 나은 사람으로 가꾸게 됐다.

한 치 앞도 예상할 수 없는 것이 인생이지만
결국 모든 시련은 훗날 축복이 될 것이니

나에게는 모든 순간이 배움이었다.

세상에서 가장 멍청한 사람

내 편을 하대하고, 적에게 잘 보이는 기회주의자

살다 보면 사람이 정말 싫어진다.
세상에 정나미가 떨어지는 순간에도
모든 걸 다 내려놓고 잊혀지길 바라기도 했었다.

나의 전후 사정도 전혀 모른채 교내 에브리타임에
"모먼트 극혐"이나 "비호감"이라는 글을 써 내려가
는 악플러들,
복수를 할까 고민하다
내가 아팠던 만큼 전가하기 싫어 용서하기로 마음
먹었다.

너는 알까

힘들고 암울한 와중에도 내가 만든 동굴 밖에서
나의 평안함을 빌고 기도해 주는 사람들이 있다.

힘들 때 손을 건네준 이들을 기억하며
역경과 고난을 이겨냄에 감사하자

또다시 어둠이 닥치면 나 몰라라 할 이들에게
굳이 잘 보이려고 사랑받으려 애쓰고 싶지 않아졌다.

겨울은 반드시 봄을 데리고 온다

막연한 불안함과 내가 감당할 수 없는 일들의 연속
여럿 바람을 만나면 단단해지기는커녕
오히려 진이 빠지는 것 같다

괜찮아, 별일 아닐 거야
겪으면서 점점 강해지는 중일거야

가시적이지 않아 헤매는 것이지
분명히 큰 행복은 찾아와
두 팔 벌려 만끽할 준비를 하자

인간은 힘든 일을 겪으며 성장하고

견딤으로써 살아있음을 느낀다.

세상을 살아가며 통제 불가능한 일과
수없이 찾아오는 시련이 많았지만

그럼에도 내면이 굳건해질 만한
명장면들이 있었기에
오늘의 내가 존재한다.

삶을 영위하는 데 있어
무엇보다도 내면의 힘이 중요하며

행복만이 유일하게 과거를 이길 수 있다.

열심히 살았습니다

이제는 하늘의 뜻을 겸허히 기다리고 있겠습니다.

진인사대천명(盡人事待天命)
"사람이 할 수 있는 일을 다 하고서 하늘의 뜻을 기
다린다."

다사다난한 날에 힘들 때도 많았지만
그럼에도 이겨낼 수 있어 행복했습니다.

잘 살다가도 아무 이유 없이
웃음 짓는 하루가 많았으면 좋겠습니다.

에필로그

나는 나를 더 챙기기로 했다

이만하면이 아니고,
정말 잘 버텼다고 느꼈던 순간들이 있다.

공허하고 외로운 마음 따라서
두고 온 사랑이 생각나 한참을 울기도 했고

온전히 내 편 하나 없는 타지 생활을 하면서
불쑥불쑥 찾아오는 공허함에
억지로 음식을 마구 쑤셔 넣으며
죽을까라며 생각을 하기도 했다.

"누구 좋으라고?"
다시금 되짚어보니 나는 아주 많이 살고 싶었다.
나를 위해서 살고 싶었다.

미완의 존재들에게 전하고픈 영원의 위로

내가 열심히 일구어놓은 꽃밭과 울타리가 무너져도
다시 그 꽃밭에 놀러 갈 거라 말해준
아주 고마운 친구가 있고

유일한 진실을 아는 친구가
나보다 더 화내고 울 정도로
마음을 써 준 덕분에 말이다.

이기적으로 살아도 좋으니
나는 앞으로 살면서 내가 아주 많이 필요하다.
그러니 살아갈 것이다.

누구나 처음 살아보는 오늘이라서

초판 1쇄 발행 2025년 1월 08일
초판 1쇄 인쇄 2025년 1월 08일

지은이   모먼트

표지/디자인 이소영
펴낸이   포레스트 웨일
펴낸곳   포레스트 웨일
출판등록   제2021 - 000014 호
주소   충남 아산시 아산로 103-17
전자우편   forestwhalepublish@naver.com

종이책   979-11-93963-81-4